펄펄펄, 꽃잎

펄펄펄, 꽃잎

김민정 시조집

月刊文學 출판부

시작(詩作)

실타래 풀어가듯
엉긴 나를 풀어가며

수도 없이 일어나는
생각을 꿰고 훑쳐

정수리 한가운데로
꽃대 하나 세운다

| 시인의 말 |

열두번 째 시조집을 출간한다. 『펄펄펄, 꽃잎』에는 75편의 신작이 들어 있다. 그 동안 철도시조집을 따로 출간하려고 아껴두었던 철도관련 작품 8편도 이번 시조집에 싣는다.

코로나로 지친 독자의 마음에 조금은 부드럽게, 평온하게 위안을 줄 수 있는 시조집이기를 바란다.

처음 우연히 한 두 장 인사차 받은 시화가 마음에 들어 이번에 출간하는 시조집 『펄펄펄, 꽃잎』에 그림을 곁들인다. 오롯이 나의 시조를 위해 그림을 그려준 김일영 시인께 감사한다.

2023년 봄 '시조의집'에서
김민정(金珉廷)

차례

시인의 말　005

나의 봄 1

나의 봄　012
절정　013
펄펄펄, 꽃잎　014
보슬비　015
개나리　016
신통한 일　017
통도사　018
영축산　019
팝콘　020
봄봄　021
가지꽃　022
무단출입　023
탐매　024
다시 삼일절　025
함백산 타령　026
이밥취 쌈　027
몽촌토성을 걷다　028
오월의 그늘　031
산벚나무를 심으며　032

정방폭포 2

정방폭포 035
빗방울을 세다 036
홍어등 038
초여름 인사 039
분우 040
왕버들에 숨어 041
산방사 부처님 042
탁란 043
빈집 044
여의도 솟대 045
추어탕 한 그릇 046
유월을 풀다 047
능선 따라 048
팔공산 부처바위 049
살구나무 050
자작나무 숲 051
절벽의 힘 052
나무의 내력 055
일자산의 아침 056

장경각에 기대어 3

장경각에 기대어 061
어둠을 통과하다 062
가을 계곡 064
파도 탱고 065
삼박자 가을 066
편지 —황진이에게 067
순환열차 —O트레인 068
협곡열차 —V트레인 069
평화열차 —DMZ트레인 070
월정리역 071
봄의 교향곡 072
아라리 아라리요 정선아리랑 열차 074
도라산역 076
부산역 078
꽃무릇 081
단풍단풍 083
와락, 단풍 084
부도를 하다 087

그 겨울 죽녹원 4

그 겨울 죽녹원 091
미세요, 당기세요 092
일방통행 094
빛 095
금빛 갈채 096
먼나무 상견례 097
재개발 098
뻥튀기 카페 099
안개 비상등 100
말을 모시다 101
경계를 지우다 102
상생의 손 103
호미곶 등대 104
토요일 점묘 107
시험을 치르다 108
관계 111
움직이는 신호등 112
서운암 연못가 115

| 작품해설 |

상생(相生)의 자연과 존재 회복의 시학(詩學) · 유종인 117
작가 약력 141

1
나의 봄

나의 봄

무거운 눈꺼풀도 다시 한번 치켜뜨며
하늘 향해 기도하는 성자처럼 경건하게
밤마다 불을 켜는 창, 누가 나를 기다리나

무풍한솔 길을 지나 내 발걸음 다다른 곳
다투어 핀 홍매 백매 저희끼리 눈짓할 때
저만치 능수매화도 봄의 첫발 찍고 있다

나비도 아니건만 꽃향기에 한껏 취해
잔벌들 날아들어 꽃과 함께 뒹굴더니
어느 새 환한 봄볕이 내 안 가득 물결진다

절정

아무 눈치
보지 않고
송두리째 피는 것

아낌없이
남김없이
봄날 가득 메우는 것

자장매
황홀한 뒤꿈치
분홍물이 뚝뚝, 진다

펄펄펄, 꽃잎

순한 햇살들이 초록숲을 만들 동안
바람에 지는 벚꽃, 천지가 꽃안개다
나이테 둥근 시간도 새떼로 날아간다

움직이는 모든 것엔 둥지 트는 사랑 있지
실시간 반짝이는 봄볕 속 너를 본다
봄이다, 꽃불자락이 들녘마다 타오른다

보슬비

처음 보낸 윙크처럼
빗방울에 젖는 아침

나뭇가지 기지개 켜
꽃눈잎눈 트는 소리

바람결
휘어안으며
덩달아 나도 봄비

개나리

줄지어 병아리떼 소풍을 간답니다

아지랑이 환한 아침 하늘로 고개 들고

담장가 기웃거리며 또록또록 발맞추며

신통한 일

산수유 빨간 열매
가득한 가지 위로

떼지어 온 직박구리
한참을 지저귀더니

노랗게 꽃잎을 연다,
세상 이치 알 것 같다

통도사

서운암 절간 앞쪽
장독대 서열 틈에

며느리 눈물 같은
연지빛 금낭화가

된장이
익어갈 때를
다소곳이 기다린다

영축산

바위산 기슭 아래
봄보다 먼저 와서

붉어지는 진달래야,
그 기운의 무지개야,

해질녘
법화경 읽는
산노을을 보아라

팝콘

이팝나무 꼭대기를
보슬비가 간질간질

바람도 심심한지
가지를 흔들흔들

한순간
톡톡, 터지며
쏟아지는 꽃과자

봄봄

산자락 더듬으며
걸어오는 저 발자국

하루하루 셈을 하듯
초록을 덮어준다

하늘도
가벼운 얼굴
콧등에 앉은 오월

가지꽃

지난밤 내린 비에
두어 뼘 키가 자라

보라색 별꽃들이
얼굴을 쏙, 내민다

꽃잎에 입을 맞추며
애기가지 잠 깬다

무단출입

코끝을 간질이며
풀향기가 안겨든다

폭발하는 장미향기
각혈하는 꽃양귀비

달빛도
비탈길 간너
오월밤을 품는다

탐매(探梅)

청매밭 걸어가는 저 사람 누구일까
하늘이 푸른 건지 꿈빛이 푸른 건지
가지에 앉은 햇살이 눈이 부셔 못 뜨네

손에 손 마주 잡고 우리 함께 걸어가면
세상은 친절하게 더 가까이 다가오고
이 봄날, 근심걱정은 한순간에 사라져

다시 삼일절

그날의 만세소리
나의 창 흔들었다

세월은 파란만장
파도처럼 넘나들고

참았던
깃발을 든다
아침이 나부낀다

함백산 타령

드릅순 나 보란 듯 돋아나는 늦봄 나절
뻐꾸기 울음소절 등 너머로 기울 때면
산나물 이고지고서 산자락을 끌고 온 이

물이 되어 흘러드는 자연의 순리대로
순박한 터전에서 순백으로 익어가던
청정한 냇물로 듣는 조약돌의 속이야기

이밥취 쌈

강원도 삼척에는 첩첩산중 많고 많지
어린 날 엄마 따라 약초 캐러 올라가서
점심때 한 바구니 따 샘물에다 씻어 먹던

반찬은 무슨, 반찬 고추장 한 종지뿐
보리밥 한 쌈 얹어 도르르 말아주던
울엄마 손길만 같던 초여름이 안겨든다

몽촌토성을 걷다

높고 낮은 구릉에는 초록잔디 스란치마
남쪽 멀리 눈길 주면 남한산이 그윽하고
해자터 숨은 발자국 백제 꿈이 서렸다

곰말다리 양쪽 아래 호수로 흐르는 물
띠처럼 돌아가는 그 다리를 건너보라
성내천 거느린 두 곳 북문터와 남문터

그 옛날 노을빛도 오늘처럼 붉었을까
123층 롯데타워 눈을 뜨는 저녁이면
한 바퀴 올림픽공원 더운 핏줄 이어진다

오월의 그늘

초극의 참상 앞에 6·25가 떠오른다
피붙이 목숨에는 눈물도 피가 된다
화면을 빠져나오는 저 포탄의 몸부림

인간의 존엄성이 실종된 지금 여기
죽음을 코앞에 둔 삶의 경계에서
막막한 평화의 주소 어디에서 찾을까

마음의 지뢰밭을 온종일 걷고 있다
생의 한가운데 터널처럼 깜깜하다
정지된 우크라이나 울음이 된 강이다

고요를 뒤흔드는 침묵만이 서러운 날
피멍 든 오월에도 물오르는 초록처럼
간절히 너를 부른다 예전처럼 웃자꾸나

산벚나무를 심으며

푸르른 산을 보면 나도 몰래 설레인다
첫사랑 찾아오듯 가슴 속도 두근댄다
사월에 나무 심는다 내 마음에 심는다

이십 년, 삼십 년 후 그 후까지 잘 자라렴
산벚꽃 활짝 피워 벌나비도 모아 보렴
꼭, 꼭, 꼭 흙 다져주며 푸른 나를 심는다

2

정방폭포

정방폭포

직립의 곧은 길을 여기 와 나는 보네
구차함도 망설임도 거느리지 않는 몸짓
뉘 위한 간절한 기도 저렇게 쏟아내나

아득히 햇빛 너머 떨어지는 저 고요,
용머리 구름 아래 떨어지는 저 고요,
마음 끝 둥글어지게 모난 곳을 깎아주며

눈 속에 감추어둔 근심이 있었던가
눈물로 젖어 들던 무엇이 있었던가
서귀포 다 못한 사랑, 나는 네게 안긴다

빗방울을 세다

젖어서 고즈넉한
풀꽃들이 흔들린다

하릴없이 분주하던
우리들 발자국을

지우고
지워내느라
바람도 젖고 있다

당당과 담담 사이
자라나는 슬픔 하나

꽃과 잎이 피는 동안
나무도 격했으리

빗줄기
늦봄의 허리
나이테를 감고 있다

홍어등(燈)

안개 낀 목포항이
홍어등(燈)을 품는 순간

대학로 홍탁의 집,
혀끝이 톡 쏘인다

눈물을 찔끔거렸던
젊은 날이 반짝인다

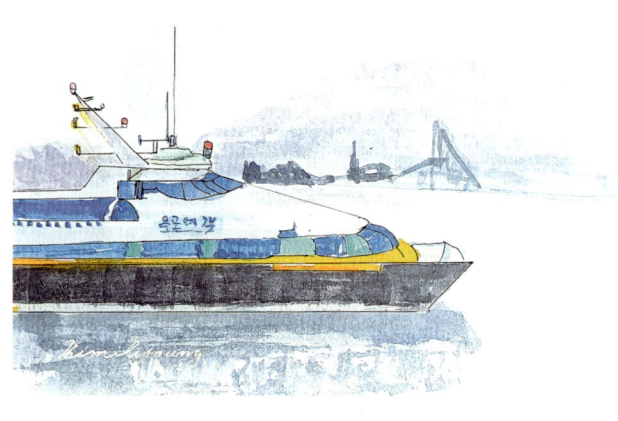

초여름 인사

우리들 거리 두기
아랑곳 하지 않고

날마다 저 하늘은
푸른 손을 씻고 있다

바람도 목젖을 젖히며
나보란 듯 나부낀다

분우(盆雨)

헤아려 셀 수 없는
생각들을 쏟아낸다

이런저런 울분들이
저렇게 많았다니

끝없이
터지는 물폭탄
한여름의 전쟁이다

왕버들에 숨어

제멋대로 자라나서
뚱뚱해진 가지 사이

훌쩍 올라서서
나무처럼 서 보았다

팔 뻗고
다리 뻗으니
나도 또한 왕버들

산방사 부처님

반눈은 감은 듯이
반눈은 살짝 뜨고

하염없이 종일토록
먼 바다를 바라본다

염불은
나무아미타불
닮아가는 노스님

탁란

바닷길 망망대해 좌표를 그려본다

편견도 선입견도 들어서지 못하게

알에서 태어나듯이 껍질을 깨는 중년

빈집

매미가 허물 벗듯
벗어날 수 있을까

일주일 생을 위해
칠 년을 견뎌온 힘

나 또한
그럴 수 있을까
바람집 한 채처럼

여의도 솟대

팔팔대로 달려가다
여의도에 접어들면

가로등 꼭대기에
갈매기떼 즐비하다

양날개 살풋, 펴들고
온 서울을 품고 있다

추어탕 한 그릇

이렇게 마주 앉아 마스크를 활짝, 벗고
한바탕 끓여 내온 뚝배기를 앞에 두고
오늘도 애썼노라고, 뜨거운 등 다독인다

살과 뼈 다 녹여서 제 몸을 보시해도
우리네 한여름은 아직도 휘청하는데
한 번 더 수저를 뜨며 눈빛으로 말을 건다

유월을 풀다

비에 젖자 하나둘씩 잎새들이 말을 건다
어제의 뙤약볕도 나쁜 건 아니었어
때로는 목이 탔지만 그도 참아 내야지

언제라도 절정이다 이 아침 나팔꽃은
나 또한 마찬가지 언제나 절정이다
이렇게 푸름이 내게 사무치게 안긴다면

능선 따라

어둠을 밀쳐내며 능선이 짙어온다
백두대간 한 줄기를 이어주며 내달리다
새벽은 온 산과 들녘 모두 끌어 안는다

피톤치드 뿜어내는 숲길은 숲길대로
숲길 아래 열려 있는 돌밭은 돌밭대로
한라가 백두에게로 긴 편지를 쓰고 있다

팔공산 부처바위

모든 것은 마음이지 선도 악도 내 안의 것
촛불을 다 태워도 기도문이 안 열린다
무수한 의심의 꼬리 생각끝에 달려 있다

무엇이 신력이고 무엇이 인력인가
소원도 한낱 허공 뜬구름 붙잡는 것
서둘러 나를 살펴서 발치 아래 내려놓네

살구나무

추어탕집 앞마당에 살구꽃이 곱더니만
잠시 안 본 사이 첫여름이 열려 있다
탐스런 살구열매가 종일토록 볼그족족

일자산에 부는 바람 날마다 안고 업고
가지가 휘어지게 설레는 맘 밝히든다
나 또한 미등을 켠다 발길 조심 하시라고

자작나무 숲

어둠을 빨아들여 밤새도록 빨아들여
잠들지 못한 숲에 바람도 자릴 뜨자
비온 뒤 이슬 머금은 풀잎들만 조요롭다

안개도 옅어지며 여름을 열고 있다
온몸으로 담아내는 한 때의 기억들이
산마루 동살 잡힌 듯 부채질을 하고 있다

절벽의 힘

계단을 가파르게
오르고 올라가서

갓바위 부처님을
머리 숙여 영접하니

흰 구름 이고 앉으신
자태마저 영험하지

숲숲골골 암자들을
품어 안고 굽어보며

중생들 아픈 사연
큰 귀 늘여 들으시나

나는야, 산수진경에
소원 반을 이뤘지

나무의 내력

강물은 흘러가고 시간은 지나가도
나무는 한 자리에 천년을 지켜 살지
첫마음 그대로라며 나보란 듯 서 있지

푸른 나뭇잎이 바람을 껴안을 때
실핏줄 맑은 잎맥 물을 끌어 올리지
폭풍이 휘몰아쳐도 굽힘없이 견디지

나무 한 그루가 울창한 숲 이루려면
사계절 부지런히 뿌리에서 우듬지로
쉼없이 제자리에서 천둥벼락 이겨야지

일자산의 아침

찾아오지 않았다면 네 모습 몰랐으리
장맛비 낮밤으로 산의 맨몸 적시더니
오늘은 곤줄박이새 가지 틈에 숨었다

일찍이 봉우리를 버린 일은 참 잘한 일,
서로 재고 난 척하는 입씨름도 던져 놓고
너와 나 부끄럼 없이 어깨 겯고 살아왔다

숱하게 들이치는 생각도 씻어주고
조롱조롱 매달리는 헛된 꿈도 일깨우니
여기 와 눈을 맞추면 먼 하늘도 품을 준다

3
장경각에 기대어

장경각에 기대어
―서운암

살아있다, 흙의 숨결 꿈틀대며 숨을 쉰다
뜨거운 불길 속을 맵차게 날아오른
새 떼가 날개를 접고 에둘러 앉아있다

장대비를 머금느라 낮게 뜬 먹구름아
가만히 있지 못해 철벅대는 마음들아
한순간 부대낌 같은 눈물은 벗고가라

헛되이 휘둘렸던 세상일 던져두고
한결같은 겉과 속을 오롯이 필사할 때
천둥도 한번은 울어 제 뜻을 알려 준다

남과 북 나눔없이 바람은 오고 가고
동과 서 구별없이 굽이치는 말씀 있어
어둠을 벗어버리면 꽃밭이 따로 없다

어둠을 통과하다

시동을 걸고 보니 자정을 넘어섰다

서울에서 남해까지 경부선 고속도로

하나 둘, 불빛을 세며 애마는 달려간다

초여름 밤공기가 서늘하게 출렁일 때

눈꺼풀에 밀려드는 단잠을 내쫓는다

어둠은 날 겨냥하고 그, 어둠을 난 통과하고

가을 계곡

청도 남산 구절초가
진저리를 치는 동안

단풍도 덩달아서
밀서를 쓰고 있다

밀정이 다녀갔는지
물소리가 드높다

파도 탱고

둥글게 오므리는
가을의 끝자락을

놓치지 않으려고
안간힘을 쓰는 물결

여자는 밀물로 오고
남자는 썰물로 가고

삼박자 가을

저녁 늦게 떨이로 산
모과향 한 바구니

호접란에 매달려 온
축하 리본 환한 이름

잠실벌
사무실 창 쪽
아파트도 움찔댄다

편지
―황진이에게

천만겹 물결이든
만만겹 햇살이든

우리의 한순간이
그대로 영원이다

달밤에 너를 꿈꾸는
여기, 내가 있으니

순환열차
―― O트레인

무지개 열차 안에
O―트레인 꿈도 있다

드맑은 내를 건너
이어지는 산을 지나

한반도 중부내륙을
품안으로 어른다

* 2014년 O트레인열차 개통기념 시화엽서로 제작.

협곡열차
―― V트레인

산나리 가지 끝에 신라적 바람이 와
한낮 꽉 채우는 저 왁자한 매미소리
청솔향 은은히 번져 내몸까지 푸르다

비탈진 언덕 아래 주렁주렁 열린 홍시
붉게 익은 그 가을을 별빛으로 지나가며
폐광촌 마을 어귀를 어루만져 주는 기차

* 2014년 V트레인열차 개통기념 시화엽서로 제작.

평화열차
―― DMZ트레인

통일이 그립거든, 디엠지 기차를 타라

평화와 화합으로 사랑 싣고 달려가자

자연의 생태 보고로!

산역사의 현장으로!

　　＊ DMZ평화열차 개통식 기념스탬프 엽서로 제작.

월정리역

새들이 길을 내는 하늘가 철길인가
월정리 녹슨기차* 귀를 열어 듣고 있다
구름도 다붓이 앉아 슬그머니 보고 있다

이끼 푸른 시간 속을 한달음에 날아와서
지뢰밭 언저리에 둥지를 틀었는지
단정학 날갯짓 같은 바람결에 눕는 억새

　*6·25때 폭격으로 멈춰선 기차.

봄의 교향곡

하루해 참 길었던
원동역 어느 봄날

완행열차 바퀴소리에
매화 톡, 톡 몸을 연다

기차가 꼬리를 감추자
온동네가 꽃바람

모퉁이 돌아나온
보드란 바람결에

입춘맞이 햇살들이
음표를 물고 와서

오선지 그리고 있는
아지랑이 따라간다

아라리 아라리요 정선아리랑열차

우리가 안고 뒹굴 꿈을 찾아 가는 길목
태극무늬 앞세우자 기찻길이 달려온다
정선땅 아우라지 물길 하늘빛도 산빛도

정선의 물레방아 물살 펴며 돌아갈 때
열차는 굽이굽이 산자락을 품고 간다
자물쇠 닮아 있는 곳 이제야 환히 열며

곤드레 딱주기나물 사절치기 강냉이밥
이 봄날 장터 마냥 와글박작 열차풍경
삶과 흥 실어나르며 자진모리로 돌아간다

도라산역

손 뻗으면 닿을 듯이 눈으로는 보이지만
한 뼘 길을 두고서도 늘 멀었던 안부처럼
섬으로 갇혀진 우리 잠궈버린 문이 있다

진주알로 키워내는 인내의 시간들이
노을빛에 더욱 붉은 감잎의 가을로 와
가끔은 한강 물길도 몸을 틀곤 하였지

서서히 숨 고르며 방향키 바로 잡으니
북새바람 갈채되어 종소리로 번져가고
햇살도 북향쪽으로 실금을 내고 있다

부산역

아름다운 국제항 마중하는 부산역
바다 거친 해상로 대륙 이은 육상로
널 통해 만나야 하리 푸른 꿈을 이루리

하창한 봄날 위로 경부선이 달려가고
파도가, 동백섬이, 오륙도가 나부낀다
사람이 그리운 날엔 너를 만나야 하리

물류와 여객수송 한반도 으뜸이 역
먼 대륙을 향한 설렘의 기적이 운다
국가의 대동맥선인 경부선에 꽃 핀다

남쪽바다 아침햇살 눈부시게 받으며
유라시아 대륙으로 펼쳐나갈 꿈의 시작
새로운 도약을 위한 긴 기적이 우렁차다

꽃무릇

산울림 우렁우렁 첩첩산을 돌아 나와
새벽이 기침하자 아침 새들 푸득인다
올곧게 서 있는 그대 변함없는 모습으로

저 붉음에 내가 들어 꽃이 되고 나비 되고
한때는 내 열정이 뿌리까지 닿았으니
꽃 져도 잊지 마옵길 잎맥 타고 흐를 테니

해 지고 별이 뜨고 나 그대 찾아갈 날
햇볕살 바람결의 살과 뼈로 무르익어
지상의 마지막 약속 향기롭게 놓이리

단풍단풍

풀벌레 울음들이 산기슭을 풀어낸다
제 갈 길 가다 말고 주춤대던 갈바람이
사는 건 혼돈이라고 어둠을 부추긴다

골짝으로 흘러가는 계곡물은 지줄대고
온 산에 달빛 들어 색이 색을 덧입힌다
할 말을 삼켜가면서 나도 한창 익어갔다

더 이상 참을 수 없어 온몸으로 토해내는
내 안의 속울음이 어찌 이리 붉었으랴,
이제는 눈을 감아도 환하게 탈 수밖에

와락, 단풍

영동선 고속도로
굽이굽이 낯익은 길

낯선 듯 달려드는
한 아름 단풍빛깔

오십 줄 아줌씨 같다
타오르는 저 계곡

휘날리며 반짝이며
슬며시 눕는 가을

겨드랑이 사이로
빠져나간 시간들이

이 하루 그렇게 다시,
내 곁으로 돌아온다

부토를 하다

산비탈 후미진 곳 그늘에도 핀다기에
꽃무릇 천 뿌리로 꽃밭을 일궜더니
낙엽 속 새발자국 같은 초록싹을 내민다

아기에게 젖줄대는 어미의 마음으로
몇 날 며칠 물을 주자 들썩이는 여린 힘줄
그윽이 하루가 저무네 오래도록 깊어가네

이 아침 잘 있느냐고 눈빛을 나눴더니
물에 씻겨 내렸는지 너무 얕게 심겼는지
알뿌리 다 드러내고 삐딱하게 기운 너

흙을 다시 북돋아 성긴 곳을 감싸리라
내 생의 부족한 면 하나하나 채우리라
어쩌면 나의 내일도 뿌리 깊게 내릴 듯

4
그 겨울 죽녹원

그 겨울 죽녹원

마디가 있어야지
더 키를 키우는 법

훤칠하게 쭉쭉 뻗은
대나무 숲 접어든다

골짜기 사색의 바람
탐석하듯 더듬으며

걷다보니 '운수 대통길'
많은 이들 가는구나

아니지 거기 말고
'사랑이 변치않는 길'

아직도 지켜야 할 것
끝까지 사랑이다

미세요, 당기세요

익숙하게 다니던 길 칸막이가 생겨났다
위험하니 대비하라 차단문이 많아졌다
복도를 오가는 양쪽, 계단 아래, 위쪽에

골똘히 걷다 보면 이마 쿵, 부딪히지
아차차, 문 있었지 실수도 만만찮지
밀을까 아니 당겨라? 문마다 다른 주문

하루에도 몇 번씩 밀고 당긴 문고리들
나쁜 생각 밀어내고 좋은 생각 당기라네
미세요 아니 당기세요, 더 적극적 삶 방식

일방통행

가기만 한다고요?
오기만 한다고요!

뜻이 맞고 힘 합쳐야
이 시대를 이기는데

생각만
팽팽해져서
자꾸 귀를 막다니

빛

뭉텅뭉텅 잘려 나간
시간들을 가늠한다

유통기한 남아있는
희망의 날들 위해

열어라,
문을 열어라
푸른 나를 열어라

금빛 갈채

스케이트 날이 난다
단거리 오백 미터

꼴찌에서 일등으로
극과 극을 오간 선수*

그 앞에
쏟아지는 갈채,
한 치 앞을 뉘 알까

* 최민정: 2020 ISU 4대륙 쇼트트랙 500M 결승전에서
  꼴찌에서 일등으로 들어옴.

먼나무 상견례

제주도 가로수가
꽃송이로 다가선다

다닥다닥 붙어있는
초록 속의 붉은 열매

식물원 들어서다가
네 이름을 알았다

재개발

아파트가 있던 자리
한 시대를 해부한다

순간, 벌떡 일어서는
백제의 환한 봄날

옛 수도 유물이라고?
공사장이 주춤한다

뻥튀기 카페

쉬었다 가시라고 식당 앞에 차려놓은
커피도 매실차도 말 그대로 공짜인 곳
덤으로 수북이 쌓인 쌀뻥튀기 일품이다

삼삼오오 둘러앉아 뒷담화 하는 대신
눈 맞추며 사각사각 씹으라는 말씀인가
말이란 뻥, 튀겨놓으면 감당하기 곤란하니

안개 비상등

스멀대며 기어오른 추억을 통과하듯
속내를 알 수 없는 길목에 접어든다
어디가 끝지점일까 온 시야를 덮는다

미로 속 헤매듯이 산허리 돌아가니
새벽이 출렁이며 갈 길을 재촉한다
첫발을 내딛기 전에 내가 나를 건넌다

말을 모시다

찬바람 들어올까 꼭꼭 닫던 방문처럼
구설에 오를세라 말문 닫아 걸은 날은
마음에 부처 한 분이 들어와 앉으신다

모든 화는 말로 짓고 모든 덕은 행하는 것
봄날도 말 못하고 마스크를 쓰는 오월
열 번을 생각하고도 한 마디를 참는다

경계를 지우다

안된다고 미적대고 한계라며 선 긋지 마
우리들 능력 범위 어디까지 갈 것인지
아직은 모를 일이지 너와 나의 미래는

꽃이 지는 한철에도 꿈은 새록 피어올라
우주의 블랙홀도 두렵지 않은 거지
모서리 지우다 보면 둥글어져 가듯이

상생의 손

팔목을 다 드러낸 신의 다섯 손가락
바다가 끌고 온 해 다함없이 타오를 때
갈매기 다섯 마리가 손톱 끝에 앉아 있다

내 가는 발자국을 지켜나 주는 듯이
날개를 내려 접고 고개를 끄덕인다
애썼던 어제의 일들 여기 두고 가라고

호미곶 등대

구름 위로 치켜떴나 저 하얀 로켓의 눈
내 삶의 이정표를 바닷물에 그어놓자
십일월 늦은 가을날 하늘도 내려온다

그 하늘 잠겨들까 중력으로 떠받친 날
지상의 나무들은 단풍으로 활활 탄다
얼마쯤 굴절되면서 멀리멀리 가는 물빛,

세상은 뉘도 몰래 앞뒤가 뒤바뀌고
그때를 놓지 않고 다가오는 태풍의 눈
바람을 잠재우느라 잠 못 드는 저 불빛,

토요일 점묘

미장원에 눌러앉아 자란 세월 잘라낸다
숱 많던 머리카락 새치도 늘어나고
고단한 삶의 일상에 윤기도 좀 잃었거니

발밑에 떨어지자 낯설고 어색하다
한때는 내 것이던 일부가 아니던가
냉정히 쓸려나간다, 내가 놓친 흔적이

곰비임비 허둥대다 한철을 다 보내고
또 그만큼 자라나서 내 등을 밀던 그것
드르륵, 문을 나서며 출발점에 다시 선다

시험을 치르다

문제를 풀어가는 아이들을 바라본다
한 장 시험지를 온몸으로 감당한다
끝없는 문제풀이야, 인생이란 과정은

화끈하게 끌어안고 완강히 밀어내는
먹히잖는 규제들이 시간들을 따라간다
징비록 불변의 법칙 스스로 터득한다

눈빛에도 담겨있는 시대의 고된 여정
턱없는 넋두리도 제풀에 간정되는
꿈꾸는 직선의 길에 키를 재는 그림자들

관계

추수 끝난 빈 들녘에 저녁놀이 지는 동안
바람은 바람을 덮고 시간은 시간을 지울 때
우리는 보이지 않게 경계를 서로 긋네

평상심 잃지 말라, 너에게 하던 말이
그날 이후 내게 와서 뜨겁게 점화될 줄
한동안 걷잡지 못한 불면의 밤 있었지

된서리 맞고서도 봉오리를 놓지 않고
견디고 견디다가 끝내, 피는 동백처럼
흔쾌히 발걸음 가볍게 가던 길을 가리라

움직이는 신호등

너와 나 할 것 없이 상상은 치외법권
눈자위로 번져드는 무채색 웃음 속에
수시로 붉은 불빛이 앞으로 달려든다

곁눈질로 내려오는 초겨울 비를 뚫고
어디쯤 흘러가는지 가늠도 못하는 너
세상은 바리게이트 문을 다 막는 지금

어디서나 깜박이는 점멸등이 불안하다
방심할 틈도 없이 속수무책 스며들어
한밤중 휘젓고 있는 바이러스 급신호!

서운암 연못가

붉은 잉어 몇 마리가 솟구쳐 올랐다가
제 살던 물속으로 돌아가지 못했구나
저 주검 냉엄도 하지, 세상 밖은 꽁꽁 얼음

가끔씩 우리들도 저리 펄떡 날뛰다가
있을 자리 못 찾고서 허둥지둥 하는 날엔
저 꼴이 될지 모르니 제 분수를 지키라는

마음자리 내려놓기 어디 쉬운 일일까만
얼어붙은 몸뚱아리 부릅뜬 눈을 하고
방하착 설법을 한다 감추어 둔 귀를 연다

| 해설 |

상생(相生)의 자연과 존재 회복의 시학(詩學)

| 작품해설 |

상생(相生)의 자연과 존재 회복의 시학(詩學)

유종인
(문학평론가)

1. 시화(詩畵)의 친연성(親緣性)

일찍이 당대(唐代) 동파(東坡) 소식(蘇軾)은 시와 그림의 친연적인 어울림을 갈파한 적이 있다. 이른바 '시 속에 그림이 있고, 그림 속에 시가 깃들었네[詩中畵 畵中詩]'라고 읊었던 바 그 태생적인 근친성은 작금의 시류(詩類/ 時流)라고 예외일 수는 없다. 이번 김민정의 시조와 그림이 어울린 시조화집(時調畵集)은 그런 시화의 친연성을 구성진 화필의 그림과 어울린 시조를 통해 새뜻하게 구현해 내고 있다. 시조와 그림의 이런 콜라보레이션(collabaration)은 인접 예술 장르 간의 격절이나 격조(隔阻)를 해소 완화하고 그 어울림을 통해 상호 심미적 영향을 한층 완숙한 지경으로 이끄는 계기가 될 것이다. 그런 의미에서 시인이 자신의 시조 시편에 그림을 어울려 놓는 구성을 이룬 것은 단순한 기호(嗜好) 이상의 예술 장르 간의 친연성(親緣性)을 본보기로 드리운 나름 실험적이고 전향적인 발상이지 싶다. 이는 그림과 시조를 하나의 짝패로써 보다 비주얼하게 읽고 보다 내밀하게 보려는 양가적인 혹은 쌍방향적(interactive)인 인식에서 출발한 김민정의 너름새에 기원(起源)한다.

보는 시조와 읽는 그림이라는 이 입체화된 시조집의 구성은 그 자체로 시조 읽기의 독법(讀法)을 다양화하고 장르 간의 단절을 장르 간의 호흡으로 완충하고 결속하는 우호적인 측면이 두드러진다. 근자에 디카시라는 시와 사진의 장르적 친화 장르가 개척된 것과도 무관하지 않게 시와 그림의 어우러짐은 이 시조화집(時調畵集)의 당연한 특색이면서 시인의 분방하고 의연한 시적 개성을 낙락하니 관람하는 새뜻함이 여실하다.

시조가 갖은 언어적 수사(修辭)의 뉘앙스와 그 활달한 시적 의장(意匠)을 회화적 미감(aesthetic sense)으로 도드라져 보태는 이 시조와 그림의 어울림은 오래된 동양 회화의 구성과도 그 맥(脈)이 닿아있다 할 수 있다.

2. 자연 친화와 상생의 부토(敷土)

인간적 객체로서의 여러 욕망과 상실이 인간 속에서 다 간정되고 해소되지 않을 때 우리가 찾게 되는 대상은 궁극적으로 자연이지 싶다. 이 자연은 단순한 외연(外延)의 경물(景物)이나 풍치일 수도 있지만 실제적인 또 다른 인간적 소통의 창구이자 다채로운 활성(vitality)의 매개로 끝맛하고 충만하다. 문명과 자연의 대척점이 멀어지고 심화될수록 사람들에게 끼치는 여러 악영향들은 실제적인 생활의 폐해이면서 문학적 딜레마의 한 요소이기도 하기 때문이다.

    둥글게 오므리는
    가을의 끝자락을

    놓치지 않으려고
    안간힘을 쓰는 물결

    여자는 밀물로 오고
    남자는 썰물로 가고

―「파도 탱고」 전문

  계절의 변화에 따른 특징적인 국면을 노래한 이 시조는 자연과 인간이 어떤 관계설정에 놓일 수 있느냐에 관심을 드리우고 있다. 여기서 모든 숨탄것들을 '둥글게 오므리는/ 가을'의 속성에 자못 주목할 필요가 있는데, 이는 변화의 힘이 부정성이 아니라 긍정적인 회복력의 일종으로도 보이기 때문이다. 조락과 퇴색의 계절이 지닌 위축된 모습들 속에 오히려 변형이 아닌 자연스런 변화의 완숙함도 엿보아낼 수 있음이다. 변화를

거부하는 것이 아니라 그것을 본래적인 생명의 활기로 재충전하려 '안간힘을 쓰는 물결'이라면 어떤가. 그런 구성진 물결의 운동과 율동을 다시 '여자는 밀물'로 상정하고 '남자는 썰물'의 형태로 비유할 때 이 모든 자연의 현황은 하나의 춤, 변화의 자연스러운 본령인 '파도 탱고'의 이미지로 완연해지는 것이다. 종장의 의미를 일견 엇갈림의 구도로 볼 수도 있지만 달리 보면 밀물의 여자와 썰물의 남자가 서로 상보적(相補的)인 자연계의 구성원으로 넘나드는 조화(造化)의 기틀로도 볼 수 있다.

  김민정은 이렇듯 자연의 시공간에서 일어나는 현상들을 놓치지 않고 거기에 인간적인 현황을 겹쳐 바라보거나 견줌으로써 인간의 존재방식과 그 어울림의 상생(相生)의 뉘앙스(nuance)를 유려한 시조의 율격으로 되살려내는데 능숙하다. 자연의 흐름과 시조의 흐름을 격절시키지 않고 하나로 아우르는데 친연성(親緣性)을 대동하고 있다.

    직립의 곧은 길을 여기 와 나는 보네
    구차함도 망설임도 거느리지 않는 몸짓
    뉘 위한 간절한 기도 저렇게 쏟아내나

    아득히 햇빛 너머 떨어지는 저 고요,
    용머리 구름 아래 떨어지는 저 고요,
    마음 끝 둥글어지게 모난 곳을 깎아주며

눈 속에 감추어둔 근심이 있었던가
눈물로 젖어 들던 무엇이 있었던가
서귀포 다 못한 사랑, 나는 네게 안긴다

―「정방폭포」 전문

　제주 여러 폭포 중의 하나인 정방폭포는 거의 유일하게 뭍의 폭포 물이 바다로 직접 떨어지는 특징적 형태로 유명하다. 이런 단호하고 호쾌하며 직정적인 폭포의 특징은 '직립의 곧은 길을 여기 와' 보게 된 화자의 눈길로 더욱 완연한 자연의 성정(性情) 중의 하나로 드러난다. 자연 경물(景物)이 지닌 이런 호쾌함은 '구차함도 망설임도 거느리지 않는 몸짓'으로 그대로 인간적 품성을 견주어 내는데 더할 나위 없는 자연물(自然物)의 품성을 발굴하는 계기가 있다. 그리고 이러한 직정적이고 삿됨이 없는 폭포의 형태는 '뉘 위한 간절한 기도'를 '쏟아내'는 인간적인 풍모로 오롯하게 비춰지기에 이른다. 즉 자연물인 폭포의 특징적인 형태(morphology)는 김민정의 심정적 교호(交互)에 의해 인간적인 기도(祈禱)의 생태(ecology)로 자연스럽게 변환되는 끌밋한 전환의 풍광을 이룬다.
　이러한 시인의 폭포에 대한 인상적인 감각은 단순한 감탄의 대상을 넘어 보다 극적인 표현의 묘미에 이른다. 즉 장대한 폭포(warfall)의 여느 우렁찬 폭포음(瀑暴音)을 그대로 현시하지 않고 '떨어지는 저 고요'로 역전적으로 바라보는 시적 눈썰미에 있다. 극(極)과 극(極)은 맞닿아 통한다고 했던가. 김민정의 감각적 인상의 묘사력이 생동하는 지점으로 폭음(爆音)과 무음(無音)을 하나의 반열에서 일체화시킨 묘미가 서늘히 감도는 구절이다. 이렇듯 폭포에 대한 인상적인 묘파(描破)는 정방폭포라는 외부의 경물(景物)에 한정하지 않고 급기야는 2수 종장에 이르러 '마음 끝 둥글어지게 모난 곳을 깎아주'는 인간적인 교화의 끝밋한 대상으로까지 격상된다. 그리고 종내는 화자를 비롯한 모든 사람의 '근심'과 '눈물'의 연원들을 씻어주고 위무하는 '다 못한 사랑'으로 오롯해진다. 이런 미쁘고 훤칠한 폭포의 헌걸찬 기상 앞에 경도된 시인은 '나는 네게 안'기는 심정적 동화(同化, assimilations)의 절정에 이른다. 이는 서정시의 작동원리 중 하나인 자아동일성(自我同一性)의 경지를 폭포를 통해 완상하는 가운데 구현하는 모범적인 사례로 충만해 있다.

> 푸르른 산을 보면 나도 몰래 설레인다
> 첫사랑 찾아오듯 가슴 속도 두근댄다
> 사월에 나무 심는다 내 마음에 심는다
>
> 이십 년, 삼십 년 후 그 후까지 잘 자라렴
> 산벚꽃 활짝 피워 벌나비도 모아 보렴
> 꼭, 꼭, 꼭 흙 다져주며 푸른 나를 심는다
> ―「산벚나무를 심으며」 전문

'푸른 나를 심는다'라는 구절은 일견 평범한 언술처럼 보이지만 심대한 생명 가치의 발현을 위한 실제적 몸짓을 드러내는 자기보시(自己布施)의 일환이다. 이러한 자기보시의 덕목(virtue)은 어느 특정 종교적 뉘앙스를 넘어 생명 본래의 연대적 활동과 그 활기(活氣)를 도모하는 그야말로 '푸르른' 영육(靈肉)의 활성화로 가는 시인의 행보와도 겹쳐진다. 무엇보다 나무를 심으며 혹은 청산을 보면 '나도 몰래 설레'이는 것은 생명의 가치를 관념으로서가 아니라 실물적 존재의 현황으로 영접하는 시인의 서정적 육체성(肉體性)의 반영이다. 그러면서 자신이 심은 산벚나무가 어느 훗날 '꽃 활짝 피워 벌나비도 모아 보'는 상상의 진경을 그려보는 것은 식목(植木) 속에 깃든 화자의 몸과 맘도 함께 북돋우는 공생의 가치를 현실에 심는 일이기도 하다. 즉 '푸른 나를 심는다'고 했을 때의 시인과 산벚나무가 하나가 되는 공감(empathy)의 영역이 시뮬레이션되는 지겻을 불러온다.

> 어둠을 밀쳐내며 능선이 짙어온다
> 백두대간 한 줄기를 이어주며 내달리다
> 새벽은 온 산과 들녘 모두 끌어 안는다
>
> 피톤치드 뿜어내는 숲길은 숲길대로
> 숲길 아래 열려 있는 돌밭은 돌밭대로
> 한라가 백두에게로 긴 편지를 쓰고 있다
>
> ―「능선 따라」 전문

자연은 그 자체로 자족적(自足的)의 관념과 실제의 총화(叢化)이지만 김민정에게 있어 이런 자연은 좀 더 활물화(活物化)된 객관적 상관물(objective correlative)로 등장한다. 이러한 역동성은 자연을 하나의 풍경이나 풍치의 관광적 완상물(玩賞物)의 차원에서 벗어나 인간 사회에 필요한 존재의 당위적(當爲的)인 가치를 대변하는 시적 상관물로 기능하기에 이른다. 무엇보다 이 시편에서 중요하고 주요한 기능의 인자(因子)는 우뚝우뚝한 산봉오리만이 아니라 '백두대간 한 줄기를 이어주며 내달리'는 그 기능적인 연결(linking)로써의 '능선(稜線)'의 역할과 가능성 그 자체이다. 이렇듯 '능선'이 지닌 공감의 연대(連帶)와 그 개척의 이미지는 단순한 '한 줄기를 이어주며 내달리'는 연속성을 통해 가능해진다.

개인주의의 폐쇄성과 몬존한 자의식에 함몰되기 쉬운 사회적 풍조와 경향 속에서 '피톤치드 뿜어내는 숲길'의 열린 소통의 장(場)으로써의 자연을 연계(連繫)한 이미지를 '능선'에서 발견하는 시인의 놀라운 심미안(審美眼)에 주목하지 않을 수 없다.

산비탈 후미진 곳 그늘에도 핀다기에
꽃무릇 천 뿌리로 꽃밭을 일궜더니
낙엽 속 새발자국 같은 초록싹을 내민다

아기에게 젖을 대는 어미의 마음으로
몇 날 며칠 물을 주자 들썩이는 여린 힘줄

그윽이 하루가 저무네 오래도록 깊어가네

이 아침 잘 있느냐고 눈빛을 나눴더니
물에 씻겨 내렸는지 너무 얕게 심겼는지
알뿌리 다 드러내고 삐딱하게 기운 너

흙을 다시 북돋아 성긴 곳을 감싸리라
내 생의 부족한 면 하나하나 채우리라
어쩌면 나의 내일도 뿌리 깊게 내릴 듯

―「부토를 하다」 전문

  부토(敷土)는 말 그대로 '모래나 흙은 퍼서 깔아줌'을 뜻하는 식물 관리의 육성과정을 뜻한다. 생명, 즉 모든 숨탄것들은 독단적 자립에 의해서 독자성(獨自性)만으로 살아가는 게 아니라 서로 보살핌의 상보(相補) 관계를 통해 삶의 고양(高揚)에 이른다. 화자가 시편에 언급한 '꽃무릇'은 그 식재가 이뤄진 후에 여러 변화된 생명활동의 진전을 이루었다. 그런데 어느 '아침 잘 있느냐고 눈빛을 나눴더니' 여러 이유에서 '알뿌리 다 드러내고 삐딱하게 기운' 나름 위태로운 상황에 처한 것으로 보인다. 이에 안타까움을 느낀 화자는 '흙을 다시 북돋아 성긴 곳을 감싸'는 지극함을 몸소 행한다. 그런 일련의 과정은 일견 꽃무릇을 심고 가꾸는 여느 원예적 호사가들의 일상과 별반 다를 게 없어 보이기도 한다. 그런데 다음 마지막 수 중장과 종장에 이르러 모종의 반전과 변화가 일어나는데 '내 생의 부족한 면 하나하나 채우'듯이 부토의 심성을 통해 '나의 내일도 뿌리 깊게 내릴' 것을 기원하는 동반자적 활성을 도모하기에 이른다.
　이런 관계성(relationship)은 규율적인 관계의 도덕률이나 관습을 넘어 존재의 근원적인 지향이 어디에 있느냐 하는데 따라 다소 유동적인 측면이 있다. 그 생명과 인생에 대한 세속인 각자의 지향의 기준이나 준거를 우리는 범박하게 가치관(價値觀)이라 통칭한다. 이런 관점에서 김민정 시인이 이제까지의 시적 과정을 포함한 이번 시조 시편들이 지니는 시적(poetic) 가치관은 생명의 홀대가 아닌 생명의 연대(聯帶)이며 그것은 우리의 전통적인 윤리의식이나 덕목의 하나인 '더불어' 혹은 '함께'라는 존재의 이웃을 너나드는 혹은 너나들이하는 상생과 공생(共生)의 가치 재발견에 있다. 그러기에 김민정에게 있어 자아(ego)나 '나'라고 하는 단독자적 개념은 의외로 넓고 웅숭깊은 연대의 너름새를 그 품에 지니고 있다. 즉 왜소화되는 현대인의 자아 중심을 생명의 연대와 공감(共感) 중심으로 그 중심축과 영역을 확충하듯 옮아가고 있다.
　김민정의 이런 연대와 공감의 중심축으로써의 생명을 지탱하고 보존하는 대상은 바로 자연(nature)이다. 이런 자연(自然)은 탈속이나 먼 이상향으로써의 요원한 자연이 아니라 우리 주변과 일상 저변에 편재(遍在)해 있는 끌밋하고 소담하며 활기가 넘나드는 자연이다. 우리 삼이웃과도 같은 만연한 자연이 도외시되고 있는 세태 속에서도 시인은 그런 자연의 내밀하고 소중

한 가치를 인간 존재의 삶의 가치로 환원하는데 열정적이고 열심(熱心)이다. 더불어 생명가치를 세상에 호환(互換)하는데 남다른 관심과 돈독한 애정을 보이고 있다. 그러려면 그런 호활하고 덕성스러운 자연물이나 경치를 애호하고 즐길 수 있는 눈썰미가 필요하다. 그런 관점에서 시인의 눈썰미는 심미적(審美的)인 자연의 풍광과 생태미학적(生態美學的) 자연의 정황이 한데 어울리고 통섭(統攝, Consilience)하는 내적 문맥을 시조라는 정형률 속에 녹여내는데 남다른 시선을 견지하고 있다.

3. 윤리적 자활(自活)과 공동체적 소명의식

현대의 다양한 매체의 확산과 그 빠른 속도는 전지구적인 소통의 장(場)을 활성화한 측면이 어실히다. 말 그대로 디지털의 실시간 정보와 경험과 정서적 교류는 다양한 연대와 공감의 계기를 열어 놓았다. 그러나 이런 시대 환경에도 불구하고 일방적인 자기감정이나 욕구의 배설로 그치는 경우가 없지 않다. 흔히 인터넷 악플이나 스토커적인 괴롭힘 등의 사례는 온-오프라인(on-off line) 공히 문제점이나 심각한 부작용의 하나로 치부되기도 한다.

중세와 근대를 포함한 시대의 언어 풍조나 현대의 소통 구조와 상관없이 말이 갖는 즉 언어의 본질적인 신뢰성의 문제는 늘 당대(當代)의 사람들 모두에게 중요한 화두가 아닐 수 없다. 언어와 신뢰는 늘 동전의 양면처럼 그 본의(本意)와 실행이라는 함의(含意)를 동시적으로 충족하려는 의도와 갈등을 가져왔다.

> 쉬었다 가시라고 식당 앞에 차려놓은
> 커피도 매실차도 말 그대로 공짜인 곳
> 덤으로 수북이 쌓인 쌀뻥튀기 일품이다
>
> 삼삼오오 둘러앉아 뒷담화 하는 대신
> 눈 맞추며 사각사각 씹으라는 말씀인가
> 말이란 뻥, 튀겨놓으면 감당하기 곤란하니
> ―「뻥튀기 까페」 전문

 이런 시대 풍조의 측면을 반영하듯 시인이 바라보는 관계적 소통의 인식이 어떠해야 하는가에 남다른 소회가 도드라진 시편이 '뻥튀기 까페'에 담겨있다. 이 카페는 조금은 소담스럽게 뻥튀기나 차류(茶類)를 무료로 제공하는 식당의 부속 건물인 듯하다. 그런데 이런 공짜 음식을 바라보는 시인의 예리한 눈썰미는 단순히 공짜에 대한 반가움을 넘어서 '삼삼오오 둘러앉아 뒷담화 하는 대신/ 눈 맞추며 사각사각 씹으라는' 메시지가 담긴 음식으로서의 '뻥튀기'를 바라보는 시선이 사뭇 주목할 만하다. 무엇보다 우리가 주고받는 언어, 즉 말이라고 하는 것과 '뻥튀기'를 의미적인 연관(連關)으로 겹쳐놓음으로써 말의 무게에 대한 새삼스런 성찰을 유도한다. 그런 측면에서 2수(首) 종장의 언술은 요즘의 세태와 관련해서 의미적인 일침(一鍼)이 아닌가 싶다. 음식과 말은 입을 통해서 들고 난다. 그런데 흥미로운 점은 쓸데없는 '뒷담화'를 대체하고 경계하는 방편이 '사각사각 씹으라는' 뻥튀기라는데 있다. 흔히 뻥을 치는 말 대신에 그렇게 부풀려 만든 뻥튀기 스낵을 저작하는 것으로 대체하라는 시인의 재치와 유머는 경쾌하면서도 나름 진중하다. '뻥'으로 대변되는 말과 음식의 차이를 부각시키면서 우리가 지켜야할 에티켓(Etiquette)의 종요로움을 새삼 뚱기는 가편(佳篇)이다.

이렇듯 심상하고 평범한 상황을 김민정은 그냥 흘리지 않고 공동체적 삶의 유지와 활성을 위한 윤리적 덕목(德目)을 산출하는 계기로 삼는다. 시인의 활달한 시적 캐치와 전개는 고립무원(孤立無援)을 살 수 없는 공동체적 윤리의식이 관념적 이데아(idea)가 아니라 실제적 관계의식에서 낳은 그윽한 현실주의와도 맞닿아 있다.

> 찬바람 들어올까 꼭꼭 닫던 방문처럼
> 구설에 오를세라 말문 닫아 걸은 날은
> 마음에 부처 한 분이 들어와 앉으신다
>
> 모든 화는 말로 짓고 모든 덕은 행하는 것
> 봄날도 말 못하고 마스크를 쓰는 오월
> 열 번을 생각하고도 한 마디를 참는다
>
> ―「말을 모시다」 전문

앞서 시조에서도 언급되었듯이 김민정에게 있어 말은 단순한 지시체계의 사회적 도구나 소통의 수단만이 아니라 존재의 활성과 운명을 좌우하는 매우 종요로운 존재의 기명(器皿)이다. 즉 존재의 그릇은 어떤 말과 침묵, 어떤 함의의 언어를 담고 품어내느냐에 따라 그 존재의 실존적 가치를 지배하는 매우 중요한 가치척도가 되는 것이다. 그러기에 현실의 우리 사회나 여러 관계에게 시인은 늘 '구설(口說)'의 애옥살이에 빠지지 않으려 조심하고 노력을 경주하는 듯하다. 그도 그럴 것이 '모든 화는 말로 짓고 모든 덕은 행하는 것'이라는 유교적 덕목의 에피그램(epigram)은 여전히 화자의 현실 속에 종요로운 실행 덕목으로 완연하다.

    제주도 가로수가
    꽃송이로 다가선다

    다닥다닥 붙어있는
    초록 속의 붉은 열매

    식물원 들어서다가
    네 이름을 알았다

                              —「먼나무 상견례」 전문

감탕나무과(科)에 속하는 상록활엽 큰키나무 즉 교목(喬木)인

먼나무는 꽃은 암수딴그루이며 취산꽃차례로 새 가지에서 액생(腋生)하며 열매는 핵과이며 붉게 익는다. 이런 사전적인 지식을 열거하는 것은 김민정이 평소 '말〔言語〕'을 대하는 기본적인 인식, 그 마음자리가 어떤 지향을 가지고 있는가를 보여주는 예시(例詩) 중의 하나이기 때문이다. 이 단시조는 세 연으로 분장(分章)된 구성을 띠면서 하나의 대상을 특별한 수사(修辭)없이 소담하게 언술하고 있다. 그런데 여기서 중요한 점은 시인이 '먼나무'라는 다소 생소한 아열대 식물을 인식하는 과정 속에 개재되는 말의 평범성, 아니 그 비범(非凡)함에 갈마들어 있다. 즉 세간에서 허다하게 말로 인한 참화나 구화(口禍) 혹은 구설수 등과 견주어 말의 진정한 쓰임새에 화자는 주목하고 있기 때문이다. 무엇보다 '꽃송이로 다가'오는 '제주도 가로수'는 초장에서 아직 그 실체만을 마주할 뿐 그 언어적 호명(呼名)이 완결되지 않은 상태이다. 그런 수목(樹木)은 '다닥다닥 붙어있는/ 초록 속의 붉은 열매'로 더 인상적인 각인이 되는 자연물로 시인의 감각과 인상을 한순간 사로잡는다. 즉 이 자연물이 갖는 새뜻한 매력과 인상적인 포즈를 최종적으로 마음에 새기는 수단이 종요로워진다. 그것이 무엇이겠는가. 그것은 다름 아닌 '먼나무'라는 호칭을 가능하게 하는 바로 '말'이라는 지시체계(instruction framework)로써의 언어구조인 것이다. 그런데 앞서의 대중적 언어사용의 조심성과 그 경계의 의미를 강조한 시인의 시조들을 상기한다면 이 담담한 듯 가만한 시편이 갖는 느낌은 사뭇 의미심장하다. 바로 언어의 본래적 기능을 우리 인간 세상이 좀 더 헤아리고 숙고해야 할 시점에 이르렀다는 성찰을 에둘러 보여주기 때문이다.

진실에 가닿는 가장 정확하고 적확한 지시체계로서의 언어가 사물과 숨탄것들을 그윽하고 끌밋하게 인식하는 수단으로 숙지가 되듯이 우리네 공동체의 언어들 또한 그 본래적 진실에 부합하는 쓰임새로 유통되길 바라는 시인의 인식이 깔려있다. 그러기에 사물과 사실을 표현하고 사회적 소통 도구인 말이 지닌 성격 또한 그 품격과 배려의 기본바탕을 유지해야 한다는 시인의 생각은 여러모로 고개가 끄덕여진다. 이는 김민정의 언어에 대한 공동체적 윤리의식의 냅뜰성과 그 속종을 보여줌과 동시에 시인된 자의 소명의식으로서의 언어적 자의식(自意識)의 정숙함을 그윽이 보여준다.

언어의 폭력성과 가학성(加虐性)이 난무하는 풍조 속이라면 더더욱 이런 에티킷이나 덕목은 종요로울 수밖에 없다. 그런 의미에서 이 시편의 제목에 든 '상견례(相見禮)'라는 단어는 단순한 수사를 넘어 존재와 존재, 존재와 사물이 어떤 관계의 정서(sentiment)를 유지해야 하는가에 대한 유의미한 팁(tip)을 건네는 듯하다.

    제멋대로 자라나서
    뚱뚱해진 가지 사이

    홀쩍 올라서서

나무처럼 서 보았다

팔 뻗고
다리 뻗으니
나도 또한 왕버들

―「왕버들에 숨어」 전문

　이렇듯 사회 공동체적 윤리의식이 시조에 깔린 김민정의 시의식은 더불어 사는 여러 관계의 소소한 덕목들을 주로 자연에서 찾는 특이점을 갖고 있다. 시비곡직(是非曲直)을 넘어 조화로운 어울림의 생태적 수월성(殊越性)을 시인은 자연물과 그런 자연의 현상 속에서 찾아내 우리네 삶의 현실에 비견하거나 그 자연의 가르침을 얼러내곤 한다.「왕버들에 숨어」도 역시 자연과 하나되어 가는 어울림의 정서를 이끌어내며 자연친화적 동화(同化)의 계기를 노래한다. 서정시의 작동원리 중 하나이며 그 시쓰기의 심정적 겨를이기도 한 자아동일성(自我同一性)의 관념도 이 시조에서 넉넉히 현시(顯示)되는 대목이기도 하다. 자연사물과 시적 자아가 하나의 맥락 속에 감정과 생각을 교류하며 일체화된 정서를 얻어내는 것, 이는 곧 '팔 뻗고/ 다리 뻗으니/ 나도 또한 왕버들'이라는 너나들이의 관계적 심성을 돋아내면서 절정에 이른다. 사물과 내가 두동지지 않고 하나의 뉘앙스를 통해 교류하는 지점처럼 시인의 시적 인식은 실제 자연물이 보여주는 어울림과 자연 속의 숨탄것들의 어우러짐을 현실에 필요한 윤리의식의 기초로 삼는 바탕이 자자하다. 이는 김민정이 갖고있는 자연생태를 바라보는 시적 내면화(內面化)의 유려한 마음바탕으로 늡늡하다.

4. 시조에의 열정과 그 균질성(均質性)

김민정의 정시조(正時調)라 할 수 있는 단시조를 비롯한 연시조를 아우르는 여러 친근한 소재와 주제에의 천착(穿鑿)은 시인의 남다른 열정과 한국 정형시에 대한 관심과 사랑에 연원하는 것은 너무 당연하다. 그런데 이러한 당연함은 시조에 대한 활성(活性)과 내적 기운(energy)을 소진하는 차원이 아니라 오히려 북돋우고 고양시키는 정형시 고유의 유려한 내적 기율(紀律)로 시인 안에 자리매김한다는 느낌이다. 그런 의미에서 김민정의 시조는 자신의 일상과 복잡다단한 삶의 여러 정황을 갈무리하고 모종의 혼란과 소소한 갈등을 다독이고 추스르는 일종의 길라잡이의 노래로서 기능(fuction)하기도 한다.

> 장대비를 머금느라 낮게 뜬 먹구름아
> 가만히 있지 못해 철벅대는 마음들아
> 한순간 부대낌 같은 눈물은 벗고가라
>
> 헛되이 휘둘렸던 세상일 던져두고
> 한결같은 겉과 속을 오롯이 필사할 때

천둥도 한번은 울어 제 뜻을 알려준다

남과 북 나눔없이 바람은 오고 가고
동과 서 구별없이 굽이치는 말씀 있어
어둠을 벗어버리면 꽃밭이 따로 없다
─「장경각에 기대어」 부분

시적 대상이 되는 경판(經板)을 모셔놓은 '장경각(藏經閣)'에 기대어 시인은 불경의 여러 깨우침 중에서도 분별과 나눔으로 야기된 분열과 갈등을 치유할 서정적 인식을 의연하게 돋아낸다. 장경각이란 무엇인가, 그야말로 그윽하고 웅숭깊은 깨달음의 드보크이자 아지트(agitpunkt)가 아닌가. 깨달음의 묶음이자 모꼬지 같은 이 시공을 넘나드는 '동과 서 구별없이 굽이치는 말씀'의 체계는 우리네 세속에 '한순간 부대낌 같은 눈물은 벗고가라'는 큰 전제를 내어주는 장소가 아닌가. 이러함에 우리가 '천둥도 한 번은 울어 제 뜻을 알려'주듯 큰 말씀에 '기대어' 살려는 사람은 '헛되어 휘둘렸던 세상일 던져두'는 그야말로 작심(resolution)을 똥기어 갈 마련이다.

김민정은 이런 옛 문화재급의 대상을 자신과 두둥진 고물(古物)이나 골동(骨董)의 반열로만 취급하지 않고 실제의 삶의 난처에 적용할 또 다른 선처(善處)의 계기로 삼는 시적 안목을 드러낸다. 이런 남다른 인식의 불교적 깨우침은 '어둠을 벗어버리면 꽃밭이 따로 없다'는 선적(禪的) 직격에 이르는 중지(衆旨)를 돋아내기에 이른다.

> 골똘히, 걷다 보면 이마 쿵, 부딪히지
> 아차차, 문 있었지 실수도 만만찮지
> 밀을까 아니 당겨라? 문마다 다른 주문
>
> 하루에도 몇 번씩 밀고 당긴 문고리들
> 나쁜 생각 밀어내고 좋은 생각 당기라네
> 미세요 아니 당기세요, 더 적극적 삶 방식
> ―「미세요, 당기세요」 부분

하루에도 수없이 밀고 닫는 문은 현실의 기능적 구조물 중 하나지만, 이 시조에 이르러 숱한 존재의 갱신(renewal)이 이뤄지는 단계의 관문(關門)으로 자연스레 그 이미지를 톺아간다. 우리 주변에 있는 여러 유사한 관문들, 등용문이나 개선문같이 의미적 맥락이 있는 문들은 단순히 실용적 문(door)의 현실을 넘어 이상적 추구의 관념을 함께 거느리고 있다. 김민정은 이런 문의 복합적인 이미지를 통해 '나쁜 생각 밀어내고 좋은 생각 당기'는 존재의 끝밋한 활성(活性)을 도모하는 내면의 문(門)도 늠늠하게 거느리고자 한다. 여기에 그의 자기 존재의 위상(位相)을 끝없이 닦아세우는 윤리적 기초가 여실하게 드러난다. 그것은 '미세요 아니 당기세요'를 통해 실천적 결의와 결단을 조율하는 실존적 결행이 도드라지는 대목이다. 이는 정체된 일상의 현실과 내면을 더욱 도도하게 북돋는 앞서의 '부토(敷土)'의 정서와 같으며 그대로 시인이 말한 '더 적극적 삶 방식'으로 귀결된다 하겠다.

    우리들 거리 두기
    아랑곳 하지 않고

    날마다 저 하늘은
    푸른 손을 씻고 있다

    바람도 목젖을 젖히며
    나보란 듯 나부낀다

                         —「초여름 인사」 전문

  코로나 팬데믹(pandemic)의 와중에 지구촌 사람들은 '거리두기'를 하니의 실천적 대안 중의 하나로 실행하면서 창궐에 나름 대처하는 방식을 취했다. 그런데 시인이 말한 자연의 방식은 좀 남달랐다. 그것은 그런 인간의 재앙에 대한 대처방식을 '아랑곳 하지 않고' 저 유유한 자연의 순리와 이법(理法)에 의거하여 '날마다 저 하늘은/ 푸른 손을 씻고 있'는 유유자적의 분위기마저 한껏 풍겼다. 이는 인간과 격절된 자연의 차원을 말하는 것이기도 하지만 협량한 인간의 한계를 뛰어넘는 자연의 섭리를 은연중에 대변하는 대목이기도 하다. 한마디로 스케일이 다른 대자연(grand nature)의 운행과 도도한 흐름을 통해 우리네 인간이 마주해야 할 진정한 실존의 자세 같은 것을 떠올리게 한다. 그것은 무엇일까. 그것은 시의 제목에서도 드러나듯 무한한 너름새를 지닌 대자연에 대한 경외(敬畏)의 '인사'가 아닐까 싶다.

　두려워하면서도 존숭의 마음을 갖는 것도 자연에 대한 내면의 윤리의식 중의 하나이지 싶다. 언제나 인간의 곁에 무상(無償)의 자연으로 드리워 있으면서도 초연(超然)한 자연의 품성을 우리가 배우지 않을 도리가 없다. 이런 자연은 '바람도 목젖을 젖히며' 흐뭇하게 목젖이 보이도록 웃어 보일 듯한 이미지는 그대로 인간에게 새로운 영성(靈性)의 개안(開眼)을 도모할 여지가 있다. 시인의 이 단시조에 갈마든 활달하면서도 웅숭깊은 정서적 편력은 앞서 언급한 자연친화적 동경과 어울림을 통한 모종의 깨달음을 그 정서적 안받침으로 촉발하고 있는 듯하다.

　김민정의 시조 시편들은 이렇듯 부단한 자연에의 관심과 자신이 몸담고 있는 현실의 여러 공동체의 현실을 외면하지 않으면서 그 안에 조화로운 윤리의식이 갈마드는 따뜻한 서정을 열심히 돋아내고 있다. 바로 이 열심(熱心), 이 열심의 자세가 그녀로 하여금 자연을 관광이나 완상의 대상만이 아닌 자신이 처한 현실을 덕성스레 뚱기고 그윽하게 북돋우는 심미적 계기의 시조를 마련한다. 그런 열심을 마음바탕으로 한 시편들은 큰 치우침이 없이 균질(均質)한 정서적 미감과 존재 회복을 위한 자연의 이법이 가미된 함의(含意)를 시조 속에서 줄곧 용출해

낸다. 자연이 그윽이 끌어주고 또 당겨주는 서정과 서사의 너름새를 자신의 공동체적 품성으로 옮아가려는 이 지난하면서도 끌밋한 시도는 현재진행형이다. 이는 김민정만의 올곧은 열심의 꽃이며 시조(時調)라는 소기의 열매들로 시인의 행보를 더욱 풍성하고 풍미있게 할 요량이다.

| 약력 |

김민정
(金珉廷, Kim Min-Jeong)

문단 약력

- 시조시인, 문학박사(성균관대학교 국어국문학과)
- 1985년《시조문학》창간 25주년 지상백일장 장원 등단
- 현재 한국문인협회 부이사장(상임이사 겸임)
  국제펜한국본부 이사, 한국현대시인협회 이사,
  한국여성문학인회 이사
  한국시조시인협회 중앙자문위원
  한국여성시조문학회 고문, 나래시조시인협회 고문

저서

- **시조집**『나, 여기에 눈을 뜨네』,『지상의 꿈』,
  『사랑하고 싶던 날』,『영동선의 긴 봄날』,
  『백악기 붉은 기침』,『바다열차』,『모래울음을 찾아』,
  『누가, 앉아 있다』,『창과 창 사이』,『함께 기는 길』,
  『꽃, 그 순간』,『펄펄펄, 꽃잎』

- **엮음집**『해돋이』(303인 영문번역시조집)
  『시조, 꽃 피다』(333인 스페인어번역시조집)
  『시조 축제』(303인 영어·아랍어번역시조집)
  『교과서에 실어도 좋을 단시조(527인)』
  『교과서에 실어도 좋을 연시조(573인)』

- **수필집**『사람이 그리운 날엔 기차를 타라』
- **평설집**『모든 순간은 꽃이다』,『시의 향기』
- **논문집**『현대시조의 고향성』,
  『사설시조 만횡청류의 수용과 변모 양상』

수상

나래시조문학상, 시조시학상, 선사문학상, 김기림문학상, 한국문협
작가상, 월하문학상, 성균문학상, 대한민국예술문화공로상 외

E-mail : sijokmj@hanmail.net | blog : https://sijokmj.tistory.com

그림 : 김일영   표지디자인 : 최석현

Poet: Kim Min-Jeong

She is a Sijo Poetess and received her ph. D. in Korean literature from SungKyunKwan University. She made her literary debut in 1985, when she won the first place in a literary contest, which was held in celebration of the 25 years' existence after the literary magazine, the Sijo Munhak, was first published. Presently she is the vice president of the Korean Writers' Association(executive director), a member of the language preservation committee of the Korean PEN under the International PEN, Diretor of the Korean Assoiation of Contemporary Poets, Diretor of the Korean Women's Literary Society, an advisor of the Korean Female Sijo Writers' Society, and an advisor of the Narae Sijo Poets' Associastion.

Her ten collections of sijo poems are as follows: I Open My Eyes Here, An Earthly Dream, The Day I Want to Be in Love, The Long Spring Day of Young dong Line, A Red Cough of the Cretaceous Period, A Sea Train, In Search of the Sand Crying, Someone Is Sitting, Between Windows, Going Together, A Flower, at the Moment and Fluttering Petals. She edited the English-translated anthology of 303 sijo writers, Sunrise, the Spanish- translated anthology of 333 sijo writers, Sijos en flor and the English and Arabic-translated anthology of 303 sijo writers, Sijo Festival. She edited Sijo poem that can be included in a textbook and series Sijo poem that can be included in a textbook.

She released an essay collection, Take a Train When You Miss Someone; two commentary collections, Every Moment is a Flower and The Fragrance of Poems; two collected papers, On the Meaning of Hometowns in the Modern Sijo Poems, and The Acceptance and Alteration of the Narrative Sijo Poem, 'Manhoens gcheonglyu'.

She received the Narae Sijo Prize, the Sijosihak Prize, the Seonsa Literary Prize, the Kim Gi-rim Literary Prize, the Writer Prize of the Korean Writers' Association, the Wolha Literary Award, the Sungkyun Literary Award, the National Art and Cultrue Achievesment Award, etc.

E-mail : sijokmj@hanmail.net | blog : https://sijokmj.tistory.com

Painting: Kim Il-young   Cover design: Choi Seok-hyeon

김민정 시조집_ 펄펄펄, 꽃잎

초판 인쇄 | 2023년 5월 11일
초판 발행 | 2023년 5월 19일

지 은 이 | 김민정
발 행 인 | 김호운
주   간 | 김민정

펴낸곳 | 사단법인 한국문인협회 月刊文學 출판부
주소 | 서울시 양천구 목동서로 225 대한민국예술인센터 1017호
전화 | 02-744-8046~7
팩스 | 02-743-5174
이메일 | klwa95@hanmail.net
등록 | 2011년 3월 11일 제2011-000081호
ISBN 978-89-6138-504-6 03810

값 20,000원

저자와의 협의에 따라 인지를 생략합니다.
잘못 만들어진 책은 바꾸어 드립니다.